3 1994 01504 4719

SANTA ANA PUBLIC LIBRARY
NEW HOPE BRANCH

I0609369

SANTA ANA PUBLIC LIBRARY
NEW HOPE BRANCH

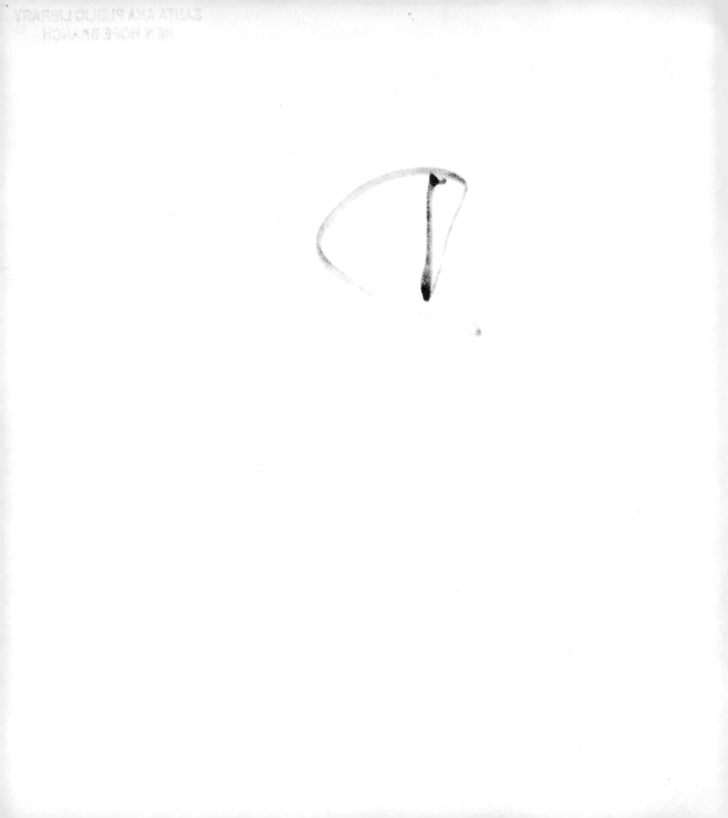

Lo que las fallas geológicas
nos enseñan sobre la Tierra

Miriam Coleman
Traducido por Alberto Jiménez

Nueva York

Published in 2016 by The Rosen Publishing Group, Inc.
29 East 21st Street, New York, NY 10010

Copyright © 2016 by The Rosen Publishing Group, Inc.

All rights reserved. No part of this book may be reproduced in any form without permission in writing from the publisher, except by a reviewer.

First Edition

Editor: Sarah Machajewski
Book Design: Katelyn Heinle
Translator: Alberto Jiménez

Photo Credits: Cover Kevin Schafer/Minden Pictures/Getty Images; pp. 4, 22 Lee Prince/Shutterstock.com; p. 5 James Balog/ The Image Bank/Getty Images; p. 7 Lukiyanova Natalia/frenta/Shutterstock.com; p. 8 Aleksandar Mijatovic/Shutterstock.com; p. 9 Dorling Kindersley/Getty Images; p. 10 © iStockphoto.com/wanlorn; p. 11 NigelSpiers/Shutterstock.com; p. 12 Naeblys/ Shutterstock.com; p. 13 De Agostini/Publiaer Foto/De Agostini Picture Library/Getty Images; p. 14 Dr. Morley Read/ Shutterstock.com; p. 15 daulon/Shutterstock.com; p. 17 S.J. Krasemann/Photolibrary/Getty Images; p. 18 http://commons.wikimedia.org/wiki/File:FaultGouge.JPG; p. 19 http://commons.wikimedia.org/wiki/ File:Pseudotachylite_Breccia_of_Vredefort_in_South_Africa.jpg; p. 21 karamysh/Shutterstock.com.

Library of Congress Cataloging-in-Publication Data

Coleman, Miriam, author.
 Lo que las fallas geológicas nos enseñan sobre la Tierra / Miriam Coleman, translated by Alberto Jiménez.
     pages cm. — (Las Ciencias de la Tierra: detectives de nuestro planeta)
 Includes bibliographical references and index.
ISBN 978-1-4777-5755-0 (pbk.)
ISBN 978-1-4777-5756-7 (6 pack)
ISBN 978-1-4777-5760-4 (library binding)
1. Faults (Geology)—Juvenile literature. 2. Earthquakes—Juvenile literature. 3. Plate tectonics—Juvenile literature. I. Title. II. Series:
Coleman, Miriam.
 QE606.C58 2015
 551.8'72—dc23

Manufactured in the United States of America

CPSIA Compliance Information: Batch #WS15PK: For Further Information contact Rosen Publishing, New York, New York at 1-800-237-9932

CONTENIDO

LAS PISTAS DEL TERRENO

Aunque el terreno parezca sólido, la superficie de la Tierra se mueve y cambia constantemente. No siempre podemos sentirlo, pero los científicos saben cómo buscar pistas que indican dónde, cuándo y cómo se mueve la superficie terrestre.

Los geólogos son científicos que estudian la Tierra y las fuerzas que la transforman. Son como detectives: buscan pistas en la **topografía** para resolver misterios de nuestro planeta. A veces las que encuentran en el suelo indican lo que está pasando muy por debajo de la superficie. Estas pistas se llaman fallas **geológicas**. ¿Qué nos dicen las fallas acerca de la Tierra?

Los dos bloques de roca a ambos lados de esta línea de falla alguna vez estuvieron unidos. ¿Qué causó esta grieta?

Esta grieta en el terreno se llama línea de falla. Sigue leyendo para que sepas cómo y por qué aparece.

Imagina las primeras personas que descubrieron las fallas geológicas. Tal vez no sabían que eran señales de la actividad que ocurría debajo de la superficie de la Tierra. Con el tiempo, los geólogos descubrieron que las fallas podían ayudarles a entender cómo es nuestro planeta por dentro.

Los científicos dividen la Tierra en **capas**. El núcleo está en el centro; la capa intermedia es el manto, el cual está compuesto por varios elementos químicos; la capa externa es la corteza. En conjunto, la zona superior del manto (sólida) y la corteza forman la litosfera. Aquí es donde empieza el movimiento en el interior de la Tierra.

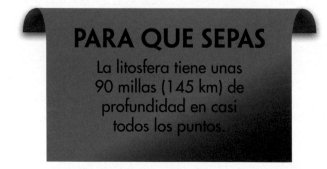

PARA QUE SEPAS

La litosfera tiene unas 90 millas (145 km) de profundidad en casi todos los puntos.

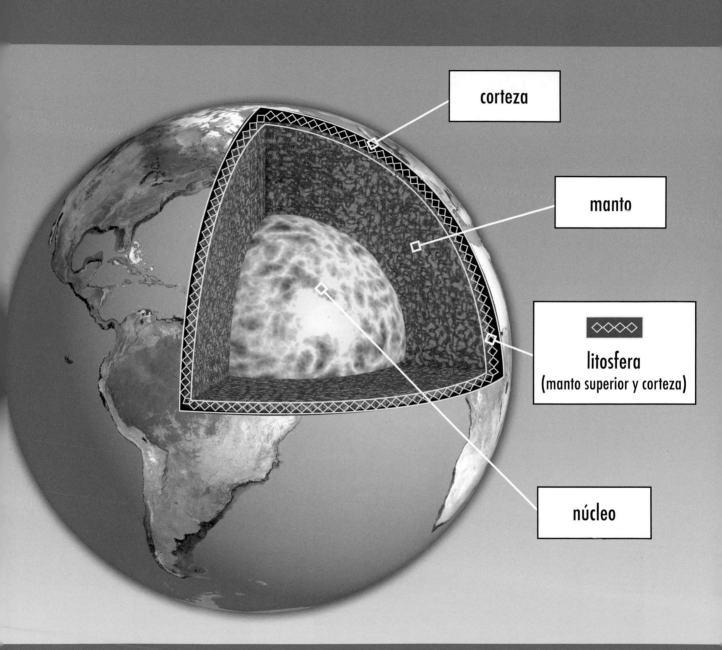

corteza

manto

litosfera
(manto superior y corteza)

núcleo

La litosfera flota sobre la capa fundida del manto, por lo que se desplaza muy lentamente.

UN ROMPECABEZAS DE PLACAS

Según los geólogos, la litosfera está compuesta por piezas gigantescas, llamadas placas tectónicas, que encajan como las piezas de un rompecabezas. Estas placas se desplazan lentamente, ya que flotan sobre la capa del manto.

Estos movimientos crean una **tensión** que llega hasta la corteza y a veces la agrietan, provocando una falla. La línea de falla es la fractura visible en la superficie terrestre. Los científicos consideran que estas fallas son **evidencia** del movimiento de las placas, porque aparecen en las áreas donde dos placas entran en contacto.

PARA QUE SEPAS

Algunas líneas de falla tienen solo unas pulgadas de largo, mientras que otras alcanzan cientos o miles de millas.

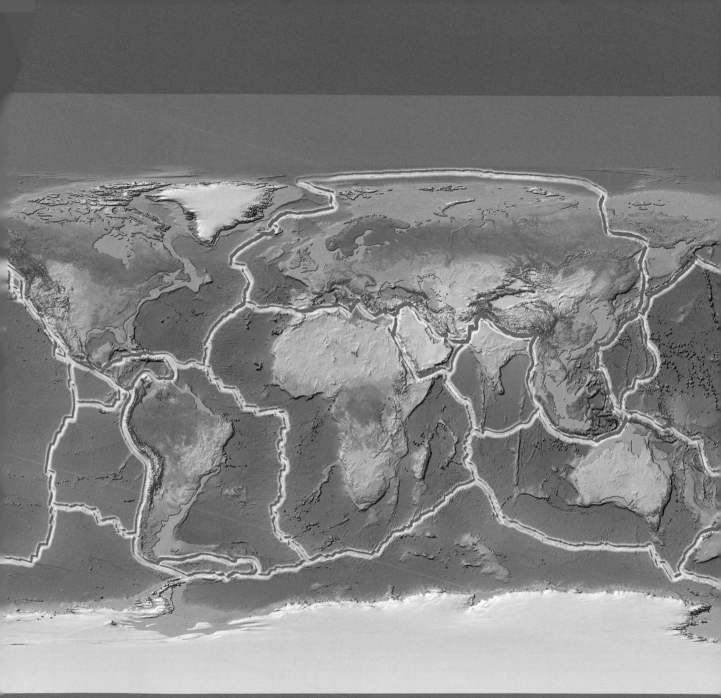

El lugar donde dos placas tectónicas entran en contacto se llama borde.

TEMBLOR DEL SUELO

El movimiento de las placas tectónicas provoca a veces fenómenos geológicos impresionantes, como los terremotos. Estos ocurren cuando dos placas tratan de deslizarse una sobre la otra sin conseguirlo. Entonces la tensión se acumula hasta que las rocas no pueden soportarla y las inmensas masas rocosas se apartan súbitamente. La liberación repentina de **energía** atraviesa la tierra en forma de **vibraciones** que hacen temblar el suelo.

Estas vibraciones se llaman ondas sísmicas y se miden con un aparato llamado sismógrafo, que indica el lugar de origen del terremoto y la energía liberada por él.

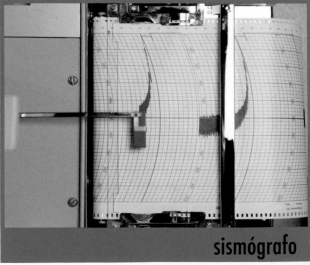

sismógrafo

PARA QUE SEPAS

Los terremotos se originan a lo largo de las fallas. A veces la gente se entera de que hay una falla en su zona porque ocurre un terremoto.

Los científicos utilizan la escala de Richter para medir la energía que libera un terremoto. La escala de Richter va de 1.0 a 10. Los terremotos de intensidad 10 son infrecuentes, pero muy destructivos.

FALLAS DE RUMBO

Los científicos clasifican las fallas en función del tipo de desplazamiento de las placas. La falla de rumbo es aquella en que las placas se deslizan de manera **horizontal**. Si la falla de rumbo se origina en la frontera entre dos placas se llama transformante.

Una de las más famosas fallas de rumbo es la de San Andrés, en California, situada en la frontera entre la Placa del Pacífico Norte y la Placa Norteamericana. Los científicos estudian los terremotos ocurridos en ella para saber cómo ha cambiado la topografía de California y qué nuevos cambios experimentará en el futuro.

falla de rumbo

PARA QUE SEPAS

La falla de San Andrés tiene unos 28 millones de años. ¡Su longitud supera las 800 millas (1,287 km)!

A lo largo de la falla de San Andrés han ocurrido muchos terremotos. En 1906, San Francisco sufrió uno de gran intensidad. En aquel entonces los científicos no entendían bien el funcionamiento de las fallas ni de las líneas de falla, por lo que se sorprendieron del movimiento horizontal del terreno y de la longitud de la grieta.

Otro tipo de falla se llama de echado. En este caso, las placas se deslizan hacia arriba o hacia abajo. El bloque que queda por encima de la línea de falla se denomina alto de la falla; el que queda por debajo se llama bajo de la falla.

Las fallas de echado se deben a fuerzas que separan o comprimen la corteza terrestre. Cuando la corteza se separa, el alto de falla desciende; esto es una falla normal. Cuando la corteza se comprime, el alto de falla es empujado por encima del bajo de falla, dando lugar a una falla inversa.

Los dos lados de una falla de echado pueden contener diferentes tipos de rocas o rocas de distintas épocas geológicas. Los científicos estudian esas rocas para averiguar la composición y la edad del terreno.

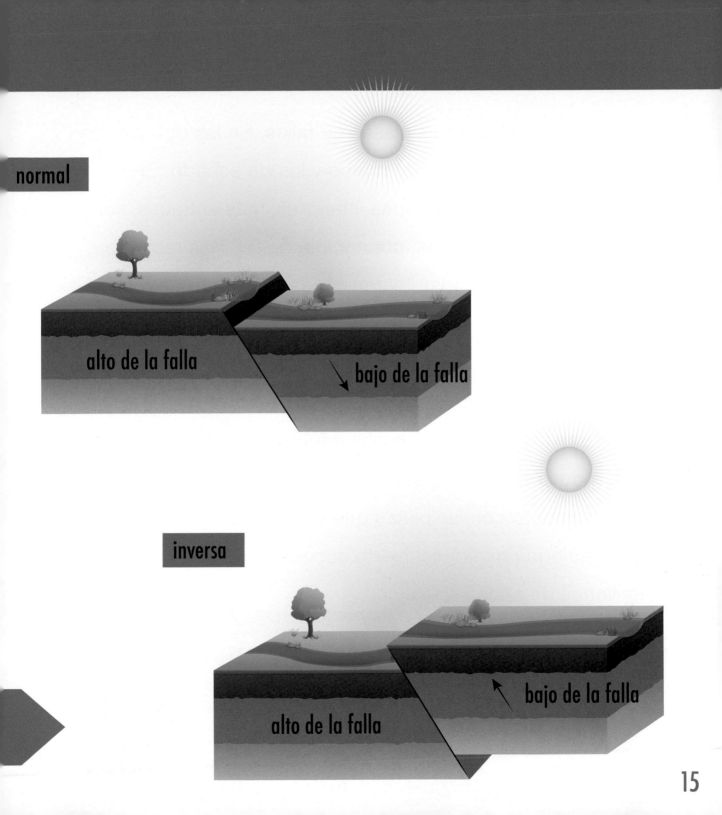

normal

alto de la falla

bajo de la falla

inversa

alto de la falla

bajo de la falla

15

Hay muchas otras clases de fallas. En las oblicuas se mezclan rasgos de las de rumbo y las de echado. En las de cabalgamiento las capas inferiores, más antiguas, son empujadas hacia arriba, por encima de las más recientes.

Un *graben*, o fosa tectónica, es un bloque de roca hundido entre dos fallas. La falla de anillo es una falla muy normal en forma de círculo, y se forma donde las rocas se han derrumbado tras la erupción de un **volcán**.

Las fallas nos dan mucha información sobre los cambios ocurridos en la Tierra, aunque no los presenciáramos. Simplemente con las pistas que ofrecen las líneas de falla, los geólogos han descubierto sucesos que ocurrieron hace millones de años.

PARA QUE SEPAS

Las fallas activas son aquellas en que las placas de la corteza siguen moviéndose. En una falla inactiva, las placas que una vez se movieron han dejado de hacerlo.

Estas impresionantes capas de roca fueron creadas por una falla de cabalgamiento.

ROCA DE FALLA

Cuando la litosfera se mueve a lo largo de las líneas de falla, la fuerza que aplasta la corteza crea la roca cataclástica. Ejemplos de roca de falla son la brecha de falla, compuesta por grandes pedazos de roca, o la salbanda, hecha de roca convertida en polvo muy fino.

La pseudotaquilita, que parece vidrio, se ve a menudo formando estrías en el plano de falla, ya que los intensos movimientos de las placas pueden fundir las rocas de dicho plano. Esto suele indicar que se ha producido un terremoto en la zona.

salbanda de falla

La pseudotaquilita es negra y vidriosa.

CÓMO LAS FALLAS CAMBIAN EL TERRENO

Las fallas juegan un papel importante en la topografía de nuestro mundo. Las fallas normales dan lugar a zonas más o menos llanas, mientras que las inversas comprimen la superficie y originan bellas cadenas montañosas. La cordillera de los Andes, en Sudamérica, se formó cuando la Placa Sudamericana chocó con una placa de menor tamaño del océano Pacífico; esta colisión levantó el suelo.

Si los terremotos se producen en lugares muy poblados, las consecuencias pueden ser catastróficas. El temblor derriba edificios y destruye carreteras y conducciones de gas y de agua. Los peores terremotos han causado la muerte de cientos de miles de personas.

Las líneas de falla nos han enseñado mucho sobre la Tierra, desde lo que podemos ver, como las montañas, hasta lo invisible, como el interior del planeta.

PARA QUE SEPAS

Aunque las líneas de falla suelen estar cubiertas de tierra, arena o grava, los científicos las descubren por la coexistencia de rocas que normalmente no aparecen juntas en la misma zona, ya que tal coexistencia se debe a la actividad de la falla.

Las líneas de falla nos dan mucha información sobre las poderosas fuerzas que operan muy por debajo de la superficie de nuestro planeta. Mediante el estudio de las líneas de falla y de las fallas, los geólogos obtienen también pistas sobre los cambios futuros de la Tierra.

De este modo, si una línea de falla indica que hay probabilidades de más terremotos en una determinada zona, podremos construir nuestras ciudades más resistentes a los temblores. Además, su estudio nos permite deducir la apariencia de nuestro mundo futuro. ¿Qué más pueden decirnos las líneas de falla?

GLOSARIO

capa: Cada una de las partes superpuestas que forman un todo.

energía: Capacidad para realizar un trabajo.

evidencia: Certeza clara y manifiesta de algo.

geológica(o): Relacionado con la ciencia que estudia la Tierra, su historia y los procesos que la afectan.

horizontal: Paralelo al horizonte.

tensión: Fuerza ejercida sobre un objeto.

topografía: Configuración del terrno, particularmente con referencia a su relieve.

vibración: Movimiento rápido de arriba abajo o de izquierda a derecha.

volcán: Abertura en la superficie terrestre a través de la cual fluye, en ocasiones, roca fundida.

SITIOS DE INTERNET

Debido a que los enlaces de Internet cambian a menudo, PowerKids Press ha creado una lista de los sitios Internet que tratan sobre el tema de este libro. Este sitio se actualiza con regularidad. Por favor, usa este enlace para ver la lista: www.powerkidslinks.com/det/faul